EDICT, ET DECLARATION

DV ROY, SVR LES

Cartes, Tarots & Dez.

A PARIS,

Chez Pierre Deshayes, en la ruë
de la Harpe au Pillier Rouge.

M. DC. XXIII.

DECLARATION DV ROY,
sur les Cartes, Tarots & Dez.

ENRY par la grace de Dieu, Roy de France & de Nauarre. A tous ceux qui ces presentes lettres verront, Salut. Depuis qu'il a pleu à Dieu nous faire la grace d'auoir estably vne bonne paix en nostre Royaume, nous n'auons rien eu en plus grande recommendation que de faire florir le cõmerce en toutes sortes d'ouurages & manufactures, pour chasser la pauureté & oysiueté qui est entre nos subjects, & y remettre l'exercice & l'abondance, par le moyen des ouuriers de diuerses nations. Ausquels estant necessaire fournir & aduãcer deniers, Nous auõs eu recours aux moyens extraordinaires, pour en tirer quelque fonds. Surquoy ayans esté aduertis que deffunct nostre tres-honoré sieur & frere le Roy Henry dernier, auroit pour aucunes bonnes considerations à plein cõtenuës par son Edict du 22. iour de May 1583. mis vne imposition sur les Cartes, Dez & Tarots qui se font en ce Royaume, A raison d'vn sol trois deniers pour ieu de Carte & balle de Dez, & deux sols six deniers pour chacun ieu de Tarots. Lequel Edict, comme tendant plustost à la reformation

A ij

des mœurs du peuple, qu'à la charge & foule d'i-
celuy, auroit deſlors eſté verifié par tout ou beſoin eſtoit , & executé en aucuns lieux, meſme en
noſtre ville de Paris : Mais depuis à cauſe des
troubles commencez ſur la fin du regne de noſtre
dit ſieur & frere, le tout auroit eſté interrompu
& delaiſſé par la confuſion des guerres : Auſſi que
les ouuriers ſe trouuoient intereſſez en ce que
ledit impoſt ſe leuoit auſſi ſur les Dez, Cartes &
Tarots qui ſe tranſportoient hors du Royaume,
dont ils faiſoient leur plus grand trafic. Nous
auons trouué expedient de remettre & faire re-
uiure ledit ſubſide , tant pour l'eſperance que
nous auons que telles denrees qui ne ſont qu'in-
ſtrumens de deſbauche , ſe trouuant aucune-
ment augmentees de prix , ne ſeront ſi ardam-
ment recherchees, au moins par le menu peuple,
lequel par ce moyen, cherchant à s'occuper ailleurs, ſe pourra employer aux manufactures, auec
plus de profit pour ſon particulier, & de commodité pour le public. Et que d'ailleurs les deniers
qui en prouiendront, pourront vtilement eſtre
employez à l'entretenement du Commerce, &
eſtabliſſement deſdites manufactures. Telle-
ment que de ce petit ſubſide pris ſur ceſte eſpece
de marchandiſe, qui deuroit ſi la corruption du
ſiecle le pouuoit permettre, eſtre du tout abolie
& defenduë, peuuent venir diuers aduantages à
nos ſubiects, leſquels s'aſſeurant que la recom-
penſe ne manquera point à leur induſtrie, s'effor-
ceront par l'inuention de diuerſes choſes , augmenter & embellir les Arts & ſciences , dont ils
font profeſſion en apprendre de nouuelles, & par

ce moyen seront les Estrangers inuitez à nous
faire part de ce qu'ils peuuent auoir de meilleur,
& plus excellent, & à apporter en ce Royaume
l'vsage de beaucoup d'ouurages, qui iusqu'à present n'y ont esté exercez, lequel nous esperons,
en ce faisant rendre en peu d'annees florissant en
toutes sortes d'Arts & manufactures, & plein de
richesses & commoditez. Et pource, de l'aduis de
nostre Conseil, en consequence dudit Edict, faict
par nostredit sieur & frere le Roy Henry dernier, publié & enregistré en nostre Cour des Aydes, le 9. Ianuier, mil cinq cés quatre vingts quatre: contenant l'establissement de ladite imposition sur les Cartes, Dez & Tarots. Auons ordonné & ordonnons, que sur la manufacture & fabrique des Cartes, Tarots & Dez, qui se font au
dedans de nostre Royaume, pays, terres & Sei-
gneuries de nostre obeyssance, pour y estre venduës & distribuees, sera leué, sçauoir sur chacune
paire, ou ieu de Carte & balle de Dez, quinze
deniers tournois, & sur chacun ieu de Tarots,
deux sols six deniers, Enquoy nous n'entendons
estre comprises celles qui se feront pour estre
transportees hors du Royaume, lesquelles nous
voulons estre exemptes de ladite imposition, pour
n'alterer la liberté du Commerce, que nous de-
sirons maintenir & augmenter, & lesquels deniers nous auons affectez, & destinez à l'entretenement du Commerce, & establissement desdites manufactures, & à fin que ceste imposition
destinee à vn vsage si vtile, puisse estre exactement
leuee, & pour obuier aux abus qui s'y pourroient
commettre. Auons enioint, & enioignons tres-

expressément a tous façonniers, & ouuriers desdits Tarots, Cartes & Dez, que du iour de la publication de ces presentes, ils ayent a porter ou
enuoyer tous les Tarots, Cartes & Dez, qu'ils auroient faits en leurs maisons, boutiques ou ailleurs, & ceux qu'ils ferōt cy apres, aussi tost qu'ils
seront empaquetez au Bureau du Fermier, ou
commis à receuoir les droits, pour estre chacun
ieu de Cartes & Tarots & chacune balle de Dez,
seellé du seau dudit Fermier ou Commis, &
paraphé sur la couuerture en tel lieu qu'il verra
estre le plus à propos, sans qu'il leur soit permis
les mettre par sizains ou grosses, que ledit Seau
& Paraphe n'y ayt esté premierement apposé, n'y
vendre lesdites Cartes, Dez & Tarots, sans estre
empaquetez, & les pacquets ou enueloppez seellez & paraphez, pour le regard de ce qui se fera
pour estre debité, & consumé en nostredit Royaume, ce que nous leur defendons sur peine de
confiscation desdites Cartes, Tarots & Dez, & de
l'amende portée par ledit Edict : Et par mesme
moyen enioignons à tous Marchands Merciers
Grossiers, Chandeliers, Reuendeurs & autres, de
porter pareillement, ou enuoyer audit Bureau,
dans huict iours apres la publication des presentes, faites aux Villes ou y a siege Royal, & dans
le ressort desquelles ils seront demeurans, toutes
les Cartes, Tarots & Dez, qu'ils auront en leur
pouuoir, pour estre seellez & paraphez (comme dit est) à peine de confiscation desdictes mar-
chandises, qui se trouueront n'auoir esté seellees
huict iours apres la publication, & d'amende ar-
bitraire. Et à ceste fin pourra ledit Fermier ou

Commis, visitet ou faire visiter leursdites boutiques & magazins, pour faire recerche de ce qui
auroit esté destourné, Et quât à celles qui se ferôt
ou vendront, pour estre transportees aux Estrangers, sur lesquelles ne voulons (comme dit est) ledit droit estre leué, seront neantmoins contresel-
lees & marquees sur la douzaine, seellees & paraphees par ledit Receueur ou Commis, sur chacun pacquet, d'vn sceau differend à celuy qui
sera apposé sur celles qui se vendront en France,
dont sera faict bon & fidelle registre, & chacun
desdits pacquets de douze ieux, estant seellez &
paraphez, & contre-sellez pour cest effect, payera
douze deniers parisis, & enioinct aux Marchands
de prendre certificat des Controolleurs des trai-
ctes des villes frontieres de ce qu'ils en aurôt fait
passer, & iceluy rapporter aux Bureaux ou elles
auront esté seellees, pour recognoistre si la quantité aura esté trâsportee hors nostredit Royaume.
Et afin que l'ordre du present establissement puisse estre mieux obserué & toute confusion euitee,
& que cy apres il ne se vende aucunes Cartes, &
Tarots, qui ne soient bien loyallement faits, &
n'ayant passé par la visitation, Voulons & entendons que la fabrique & manufacture desdites
Cartes, soit reduite és villes de nostre Royaume,
où il y a maistrise & visitation desdites marchan-
dises, sçauoir, Paris, Roüen, Lyon, Thoulouse,
Troyes, Limoges & Thiers en Auuergne. Aus-
quelles villes cee seulement voulons que ladite manufacture se faux & de punition corporelle, contre
peyne qui se voudront ingerer d'en faire en au-

tres lieux ou endroits, Et pour sçauoir le nombre
des ouuriers, leurs noms & demeures, leur enioignons que dans huiĉt iours apres la publication, ils ayent à declarer audit Receueur ou commis leurs noms, surnoms & de ceux qui trauail-
leront sous eux : demeurances & enseignes de
leurs maisons & domiciles, pour en estre fait registre par ledit Receueur, & y auoir recours quãd
besoin sera. Defendõs à tous marchands & autres
de qu'elle qualité & condition qu'ils soient, d'a-
cheter desdits ouuriers ou autres, lesdites Cartes,
Tarots & Dez, soit en gros ou en detail, sans estre
pliees enueloppees, & seellees selon qu'il est contenu cy dessus, ne pareillement de tirer lesdites
Cartes, Tarots & Dez des maisons, & boutiques d'iceux ouuriers, en quaisses, tonneaux, balles ou autrement pour les transporter hors, ou
dedans nostre Royaume, sans prendre certificat
de nostredit Receueur ou commis, au lieu on se
fera la facture pour le consiguer és endroits, &
passages qui seront ordonnez à l'issuë de nostredit Royaume, ou ils prendront les certificats tels
que dessus, sur peine de confiscation desdites Cartes, Tarots & Dez, & de toutes autres marchan-
dises qui se trouueront emballees auec lesdites
Cartes, & auroient esté transportees sans passe-
port ou certificat & de trois cens liures d'amende, outre le payement de nos droicts : desquelles
amendes & confiscations le tiers appartiendra à
nous, le tiers au fermier, Receueur ou Cõmis : &
l'autre au denonciateur. Voulans qu'apres les auoir
par lesdits Marchands ou autres, payé les
dessusdits, ils puissent transporter lesdites Cartes,
Tarots

Tarots & Dez, tant dedans que dehors noſtre Royaume, ſans qu'ils ſoient tenus payer autre droit ny impoſition: Ce que nous voulons eſtre promptement, & de poinct en poinct executé par tout noſtre Royaume, terre & pays de noſtre obeyſſance, ſans qu'il ſoit beſoin d'aucune verification, Attendu que l'Edict portant creation & impoſition dudit droit, a eſté deuëment verifié ou beſoin eſtoit. Si donnons en mandement à nos amez & feaux Conſeillers, les gens tenans nos Cours des Aydes, Treſoriers generaux de France, Baillifs, Seneſchaux ou leurs Lieutenans, ou autres Officiers, & à chacun d'eux, que le contenu en ces preſentes, ils facent lire, publier & regiſtrer, obſeruer & entretenir, ſans ſouffrir qu'il y ſoit contreuenu en quelque maniere que ce ſoit: Attendu que les deniers qui en prouiendrót ſont deſtinez à choſes vtiles pour le bien & commodité de noſtre peuple. Car tel eſt noſtre plaiſir. En teſmoin dequoy nous auons fait mettre noſtre ſeel à ces preſentes. Donné à Paris le quatorzieſme iour de Ianuier, l'an de grace mil ſix cens cinq, Et de noſtre regne le ſeizieſme. Ainſi ſigné,

HENRY.

Et ſur le reply, Par le Roy,   F O R G E T.

   Et ſeellees ſur double queuë du grand ſeel de cire iaune

B

HENRY par la grace de Dieu, Roy de France & de Nauarre, A nos amez & feaux Conseillers, les gens tenans nostre Cour des Aydes à Paris, Tresoriers de France & à tous nos autres Iuges, Officiers & autres qu'il appartiendra, chacun en droit soy, Salut. Le feu Roy dernier decedé, nostre tres-honoré sieur & frere, (que Dieu absolue) par son Edict du mois de May mil cinq cens quatre-vingts trois, auroit estably certaine imposition sur les Cartes, Dez & Tarots, qui se font & debitent en cestuy nostre Royaume : dont la continuation ayant esté trouuee iuste & raisonnable en nostre Conseil d'Estat, pour subuenir aux grandes charges & despences qu'il nous conuient supporter, nous en aurions ordonné l'establissement general par nos lettres de Declaration du quatorziesme Ianuier mil six cens cinq, & depuis pour la conseruation de nos droits, & euiter les abus qui s'y pourroient commettre sur ce fait, le reglement cy auec ledit Edict & Declaration, attachez sous nostre contre-seel que nous voulons estre verifiez, suiuis & effectuez. A CES CAVSES, Nous vous mandons, & commandons de proceder incontinent à la verification d'iceux, les faire lire, publier & enregistrer és lieux ou besoin sera, & le contenu garder & faire obseruer, sans souffrir qu'il y soit contreuenu : contraignant à y obeyr tous ceux qu'il appartiendra, par toutes voyes raisonnables nonobstant oppositions ou appellations quelsconques, Et que lesdits Edict & Declaration, soyent surannez, enioignant à nos Procureurs

Generaux d'y donner le consentement necessaire,
& tenir la main à l'entiere execution : Car tel est
nostre plaisir. Donné à Paris le dernier iour de
Iuin l'an de grace mil six cens sept, Et de nostre
regne le dix-huictiesme.

Par le Roy en son Conseil,

BAVDOVYN.

Registrees en la Cour des Aydes, suiuant &
aux charges portees par l'Arrest d'icelle du iour-
d'huy à Paris, le vingt-troisiesme iour d'Octo-
bre l'an mil six cens sept.

DVPVY.

REGLEMENT
DV DERNIER IVIN,
mil six cens sept.

Vr la requeste presentée par Maistre Iean Bardin, commis à la recepte de l'impost des Cartes, Tarots & Dez, qui se debitent au Royaume: Que les Maistres Cartiers, Marchands Merciers, & vendeurs Cartes, Tarots & Dez, vsent de beaucoup de tromperies, pour frauder ledit impost, au moyen dequoy il ne le peut receuoir clairement, & que pour en faciliter la recepte (outre ce qui est porté par les Edicts & declarations faicts par cy-deuāt pour l'establir) il est besoin d'y apporter vn plus ample reglement. Le Roy en son Conseil, a ordonné & ordonne que l'Edict du feu Roy, & la Declaration faite par sa Maiesté à present, sur iceluy, sortira son plein & entier effect, & qu'il sera verifié aux Cours des Aydes de ce Royaume, où il ne l'a encores esté auec le present reglement, qu'il en sera escrit aux Gouuerneurs des Prouinces, Lieutenans & Procureurs generaux, & aux Tresoriers de Frāce, Baillifs, Seneschaux ou leurs Lieutenans, afin d'y tenir la main: Et seront depeschees toutes lettres de Iussion, & autres expeditions necessaires pour ledit establissement.

Que ledit impost sera doresnanant reglé pour les Tarots, Cartes & Dez qui se debitent en France sçauoir sur chacun ieu de Cartes fines & Tarots deux sols, sur les moyennes des Triailles, douze deniers, & sur les petites, six deniers, & sur chacune balle de Dez deux sols, & sur la demie balle douze deniers.

Qu'aucuns Marchands ouuriers n'y autres que ce soit, ne pourront vendre, ny tenir en leur possession ny faire faire aucūs Dez, qui ne soient incontinent mis en balles & demies balles, & empaquetez dans les enueloppes, qui leur seront baillées par les Commis en chacun Bureau, qui seront establis pour la perception dudit impost.

Que les Cartes estrāgeres qui se vendront hors ce Royaume, sortiront franchement sans rien payer dudit impost, a la charge seulement que les figures & enueloppes seront differentes de celles qui se vendront audit Royaume.

Que les Receueurs ou fermiers feront imprimer toutes les enueloppes, tant pour les Cartes qui se debiteront au Royaume, que pour celles qui se vendront dehors, de tels cartacteres qu'ils aduiseront, & dont ils fourniront le papier, & feront mettre dessus le nom de la ville d'vn des sept Bureaux ou lesdites Cartes seront fabriquees & seront paraphees, & à costé escrit FRANCE, pour celles qui s'y debiteront, & pour celles qui sortiront hors le Royaume, ESTRANGERES, Le nom du Maistre laissé en blanc, qui sera remply de la main dudit Commis, & paraphé en luy deliurant lesdites enuelopes, & marqué d'vne marque d'acier dessus icelles.

Qu'il sera fait bon & fidel registre, & controolle du nombre desdites enueloppes, tant pour Fran-

ce qu'estranges pays, le iour de l'enuoy, de la re-
ception, & de la quantité desdites enueloppes,
& de la distribution d'icelles.

Que tous les Maistres Cartiers rapporteront
leurs moules desdites enueloppes pour estre bif-
fez, & defences à tous Graueurs, Menuisiers ou
autres, d'en faire de nouueaux, sinon pour ledit
Receueur & Fermier, & à tous Imprimeurs &
Dominotiers d'en imprimer doresnauant, soit sur
lesdits vieux moules ou nouueaux, sinon pour
ledit Receueur & Fermier, à peine de cinq cens
liures d'amende & punition corporelle, à la charge que le rapport desdits vieux moules & la fa-
brication des nouueaux, se fera aux despens desdits Receueurs ou Fermiers.

Qu'il est defendu à toutes sortes de personnes,
de vendre n'y achepter n'y autrement vser de Cartes, Tarots & Dez, qui ne soient enueloppees &
marquees comme il est dit cy-dessus, à peine de
cent liures d'amende pour la premiere fois, trois
cens pour la seconde & de punition corporelle,
lesquelles amendes les iuges ne pourront mo-
derer, à peine d'en respondre en leur pur & priué
nom.

Que ledit Receueur ou Fermier, ne prendra du
Maistre Cartier qu'à la raison d'vn denier pour
chacune enueloppe, tant pour le papier, l'Impri-
merie, le port que la marque, qui est pour la
douzaine de ieux vn sol, & pour la grosse douze
sols.

Que lesdits Maistres Cartiers seront tenus d'al-
ler querir lesdites enuelopes au Bureau dudit
Receueur ou Fermier, & en les receuant ils bail-

feront leur recepissé du nombre qu'ils en prendront, portant promesse de luy payer dans la fin du quartier l'impost & le prix desdites enueloppes, & ainsi de quartier en quartier.

Que lesdits Maistres Cartiers ne seront tenus de payer ledit impost & le prix susdit desdites enuelopes, sinon au fur & à mesure qu'ils vendront lesdites Cartes, & côme il est dit en l'art. precedët.

Que doresnauant lesdits Maistre Cartiers, Marchands Merciers & tous autres, ne pourront vendre ny debiter, soit en gros ou en destail, aucunes Cartes, Tarots ny Dez, sans auoir prins la permission dudit Receueur & Fermier, qu'il sera tenu de bailler *Gratis*, & sans en prendre ny exiger aucune chose, à peine de côcussion & desquelles permissions qu'il baillera, & tiêdra bon & fidel registre, afin de cognoistre le nombre de ceux qui vendrôt de ladite Marchandise au Royaume, & en sçauoir plus aysément ceux qui commettront les abus, & en commettre d'autres en leur place.

Et pour le regard des Cartes qui se trouuerront à present en nature, marquees ou non marquees, en sera fait registre audit Bureau, & est donné vn mois à ceux qui les ont entre leurs mains pour les vendre, à la charge de faire marquer celles qui ne le sont pas & en payer l'impost, apres lequel têps passé, seront tenus les enueloper de nouuelles enuelopes, à fin d'euiter à confusion.

Que tous ceux qui se trouueront saisis de faux cachets, moules ou marques ou conuaincus d'en auoir fait, presté consentement, ou d'auoir vendu desdites Cartes, Dez ou Tarots en fueilles blanches, sans auoir lesdites enuelopes marquees ou

contre-marquees, ils seront punis corporellemét
& descheus de leurs offices, Maistrises & priui-
leges.

Qu'il n'y aura aucun Marchand, Officier, Mer-
cier de Cour ou d'ailleurs priuilegié , qui soit
exempt dudit impost, ny qui puisse decliner du
present reglement, sur peine des amendes susdi-
tes, sans aucune moderation.

Qu'il sera choisi des Commissaires, Maistres des
Requestes ou Tresoriers de France, sur les lieux
qui seront deputez par le Conseil, pour establir à
chacun Parlement & Prouince, le present reglement : Et ce nonobstant oppositions ou appellations quelsconques , & dont les appellans &
opposans se pouruoiront au Conseil, la cognois-
sance d'icelles estant interdite à tous autres iuges,
& enuoyeront leurs procez verbaux dudit establissement au Receueur, à fin d'aduertir ledit Có-
seil des difficultez qui s'y pourroient presenter,
pour y estre pourueu comme le cas y escherra , à
la charge que les frais desdits Commissaires &
autres qu'il conuiendra faire pour l'establissement
dudit impost, seront aux despens dudit Receueur
ou Fermier.

Et pour le regard des procez qui pourront arri-
uer apres ledit establissement, pour causes des
maluersations ou contrauentions aux Edicts, Declarations & present reglement , lesdits Fermiers
ou leurs Commis, se pouruoiront deuant les Es-
leus & par appel à la Cour des Aydes.

Faict & arresté au Conseil d'Estat du Roy, tenu
à Paris le dernier iour de Iuin 1607.

Signé,   BAVDOVYN.

EXTRAICT DES REGISTRES DE
LA COVR DES AYDES.

ENTRE Maistre Iean Bardin, Commis à la recepte de l'impost des Cartes, Tarots, & Dez, qui se debitent au Royaume, demandeur en verification du Reglement fait au Conseil d'Estat, sur l'execution de l'Edict faict sur ladite imposition, du dernier Iuin, 1607. d'vne part, & Martin Huillart, & Daniel Moricu, Maistres Iurez Cartiers de ceste ville de Paris, opposans audit Reglement, d'autre, Ne pourront les qualitez preiudicier. Veu par la Cour, l'Arrest donné en icelle, entre lesdites parties, le sixiesme iour de Septembre, dernier: Par lequel ladite Cour auroit donné acte aux Maistres Iurez Cartiers, de l'opposition par eux formee, à la verification du Reglement dont est question, & ordonné qu'ils fourniroyent de leurs causes, & moyens, & produiroyent tout ce que bon leur sembleroit, dans trois iours, pour tous delays, pour ce faict le tout ioinct audit Reglement, y faire droict ainsi que de raison. Et à faute de satisfaire dedans lesdits delais, iceux passez, seroit faict droict sur ce qui se trouuerroit par deuers ladite Cour, sans autre forclusion, ny signification de requeste, ainsi qu'il appartiendroit. Lettres Patentes du Roy, donnees à Paris, le dernier iour de Iuin, mil six cens sept, signee par le Roy, en son Conseil, Baudoin, Et seellees du grand Sceau de circiaune, Par lesquelles ladite Maiesté, auroit mādé à ladite Cour, proceder incontinent à la verification dudit Regle-

ment, attaché sous le contre-seel desdictes Lettres, auec l'Edict, & Declaration de sadite Maiesté, Productions desdites parties, Requeste pre-
sentee par les vingt Marchands Merciers préuile-
gez, suiuant la Cour, le treiziesme Septembre dernier, Tendant à fin d'estre receuz opposans à la
verification dudit Reglement, & Edict, & que
sur l'opposition ils fussent ouys au premier iour,
pour leur estre faict droict: Autre Requeste pre-
sentee par Martin Huillart, ledit iour treiziesme
Septembre dernier, Tendant à ce que suiuant ses
Lettres d'exemption dudit impost, par luy obte-
nuës de sadite Maiesté, & Arrest de la Cour de
Parlement du vingt-huictiesme iour d'Aoust, mil
cinq cens quatre vingts dixneuf, attaché à ladicte
Requeste, il iouyst de l'exemption dudit impost,
auec defenses audit Commis, de le leuer sur luy en
façon quelconque. Lesquelles Requestes au-
royent esté mises au sac, Conclusions du Procureur general du Roy, Et tout considéré. La Covr,
sans s'arrester ausdites Requestes desdicts vingt
Marchands Merciers suiuant la Cour, & dudict
Huillart: A ordonné, & ordonne, que lesdites Lettres & Reglement, seront registrez au Greffe d'i-
celle, pour auoir lieu durant le temps qui reste à
expirer, des six annees portees par l'Arrest de verification dudit Edict, & Declaration du dix-sep-
tiesme May, mil six cens cinq, A la charge neantmoins que l'impost mentionné au deuxiesme article dudict Reglement, sera reduit à quinze deniers tournois, tant sur chacun ieu de Cartes fines
& balles de Dez, que sur les moyennes, & petites
Cartes, suiuant ledict Edict & Declaration, sans

que les Fermiers, ou Commis à la recepte dudict
impost, le puissent exiger, sinon sur les Cartes qui
auront esté actuellement venduës , conformément aux dix , & vnziesmes articles dudit Reglement, & sans approbation de l'interdiction, mentionnee au seiziesme, & des amendes , & peines
portees par les sept , huict, & quatorziesmes articles d'iceluy, lesquelles amendes, & peines, seront
arbitrees , selon la qualité , & circonstance du delict. Prononcé le quinziesme Septembre mil six
cens sept.

     Signé,   **DV PVY.**

Extraict des Registres de la Cour des Aydes.

VEv par la Cour, les Lettres Patentes du Roy,
en forme de Iussion, & Declaration, dónees
à Paris, le dixneufiesme Septembre : mil six cens
sept, Signees, HENRY. Et plus bas, Par le Roy,
DE L'OMENIE. Et seellees sur simple queuë , du
grand Sceau, de cire iaune. Par lesquelles, & pour
les causes y contenuës, Sadite Majesté, auroit de-
claré, & ordonné. Que sans auoir esgard à l'Arrest
de ladite Cour du quinziesme iour du mois de
Septembre dernier, que d'oresnauant il seroit leué sur chacun jeu de Cartes fines deux sols, sur les
moyennes vn sol, & sur les petites six deniers, Sur
chacun jeu de Tarots, deux sols , & sur chacune
balle de Dez, deux sols , conformément au reglement faict par sadite Majesté, & bail faict à André
Brigaud, lequel demeureroit, & seroit par ladicte
Cour verifié, selon sa forme, & teneur, sans aucun
retranchement de temps , modification , n'y re-
striction,

ſtrinction, & que les amendes par ladite Cour de-
clarees arbitraires, ſeroyent iugees, conformément, & comme elles ſont eſtimees par les Edicts
& Declaration, par icelle Cour verifiez, & qu'il
eſt porté par ledit Reglement, du dernier iour de
Iuin, que ſadite Maieſté veut demeurer en ſa for-
ce, & vertu: Mandant à ladite Cour, que ledit Reglement, & bail dudit Brigaud, elle ayt à faire tenir, & entretenir, lire, publier, & enregiſtrer, ſelon
leur forme, & teneur, nonobſtant le changement
du prix de l'impoſt, prolongation de temps, arbi-
trages deſdites amendes, n'y aucune interpreta-
tion, ou modification, leſquelles ſadite Majeſté,
auroit oſtees, & leuees : Autres lettres Patentes
du Roy, donnees à Paris, le dernier iour de Iuin,
mil ſix cens ſept, Signees, Par le Roy en ſon Con-
ſril, BAVDOIN, Et ſeellee du grand Sceau, de cire
iaune, Par leſquelles ſadite Majeſté auroit mandé
à ladite Cour, proceder incontinent à la verification dudit Reglement, ledit Arreſt du quinzieſme Septembre dernier, mil ſix cens ſept, Par lequel, Ladicte Cour auroit ordonné, que leſdictes
Lettres, & Reglement, ſeroyent regiſtrees au
Greffe d'icelle, pour auoir lieu, durant le temps
qui reſtoit à expirer, de ſix annees portees par l'arreſt de verification dudit Edict, & Declaration
dudit ſeptieſme May, mil ſix cens cinq. A la charge neantmoins que l'impoſt mentionné au deu-
xieſme article dudict Reglement, ſeroit reduit à
quinze deniers, tant ſur chacun jeu de Cartes fines, & balles de Dez, que ſur les moyennes, & petites Cartes, ſuiuant ledit Edict, & Declaration,
ſans que les Fermiers, ou ſous-Commis, à la rece-

pte dudit Impoſt, le puiſſent exiger , ſinon ſur les
Cartes qui auront eſté actuellement venduës,
conformément au dix & vnzieſmes articles dudit
Reglement, & ſans approbation de l'interdiction
mentionnee au ſeizieſme, & des amendes , & peines portees par le ſept, huict, & quatorzieſmes articles d'iceluy , leſquelles amendes , & peines, ſeroyent arbitraires, ſelon la qualité, & circonſtan-
ce du delict , le tout attaché ſouz le contre-ſeel
deſdictes Lettres de Iuſſion, & Declaration : Requeſte preſentee par Martin Huillart , & Daniel
Morieu, Maiſtres Iurez Cartiers de ceſte ville de
Paris , Tendant aux fins d'eſtre receus oppoſans
auſdites Lettres de Iuſſion , & Reglement , auec
deſpens, dommages , & intereſts : Arreſt du hui-
ctieſme iour d'Octobre , mil ſix cens ſept, Par lequel, icelle Cour, auant que proceder à l'entheri-
nement deſdites Lettres, Auroit ordõné, que leſ-
dits Maiſtres Cartiers , bailleroyent dans trois
iours, pour toutes prefixions, & delais, leurs cauſes, & moyens d'oppoſition. Et ledit Brigand, ſes
reſponces dans trois iours enſuiuant, pour ce fait,
& ioint auſdites Lettres, le tout communiqué au
Procureur general du Roy , eſtre ordonné ce que
de raiſon: Autrement , & à faute de ce faire , dans
ledit temps, ſeroit paſſé outre , ſur ce qui ſe trouuerroit pardeuers ladicte Cour, ſans autre forclu-
ſion, n'y ſignification de requeſte: Cauſes d'oppoſition fournies par leſdicts Maiſtres Cartiers, auec
les pieces par eux produites: Concluſious du Procureur general du Roy. Et tout conſideré. LA
COVR, Les Chambres aſſemblees. A ordonné, &
ordonne, que leſdites lettres, enſemble ledit bail,

seront regiſtrees au Greffe d'icelle, poûr eſtre
l'impoſt y mentionné, leué par ledit Brigaud, durant les ſept annees de ſondit bail. Sçauoir eſt, ſur
chacun jeu de Cartes fines, & Tarots, deux ſols,
ſur les moyennes de Trialles, douze deniers, &
ſur les petites, ſi deniers, & ſur chacune balle de
Dez, deux ſols tournois, & ſur la demie balle, douze deniers. Le tout aux charges, & conditiõs portees par ledit bail. Et pour le ſurplus, l'Arreſt dudit
quinzieſme Septembre dernier, ſera executé ſelon ſa forme & teneur. Prononcé le vingt-troiſieſ-
me iour d'Octobre, mil ſix cens ſept.

Signé,   DVPIM.

Collationnez aux originaux, par moy Conſeiller,
Notaire, & Secretaire du Roy, Maiſon, &
Couronne de France.